O CASAMENTO
AINDA É O MELHOR NEGÓCIO

O CASAMENTO
AINDA É O MELHOR NEGÓCIO

Alexandre Silveira

O CASAMENTO AINDA É O MELHOR NEGÓCIO

PALAVRA
& PRECE

Copyright © Palavra & Prece Editora Ltda., 2013.
Todos os direitos reservados. Nenhuma parte desta obra pode ser
utilizada ou reproduzida sem a expressa autorização da editora.

FUNDAÇÃO BIBLIOTECA NACIONAL
*Depósito Legal na Biblioteca Nacional,
conforme Decreto nº 1.825, de dezembro de 1907.*

COORDENAÇÃO EDITORIAL
Júlio César Porfírio

REVISÃO E DIAGRAMAÇÃO
Equipe Palavra & Prece

CAPA
Carlos Eduardo Gomes
Imagem: *Dreamstime*

IMPRESSÃO
Escolas Profissionalizantes Salesianas

ISBN: 978-85-7763-217-6

Dados Internacionais de Catalogação na Publicação (CIP)

Silveira, Alexandre
O casamento ainda é o melhor negócio / Alexandre Silveira. -- São Paulo : Palavra & Prece, 2013.

ISBN 978-85-7763-217-6

1. Amor - Aspectos religiosos - Cristianismo 2. Casais - Relações interpessoais 3. Casamento - Aspectos religiosos - Cristianismo 4. Família - Aspectos religiosos - Cristianismo 5. Sacramentos - Igreja Católica I. Título.

13-06304   CDD-248.844

Índices para catálogo sistemático
1. Casais : Reflexões sobre o sacramento do matrimônio : Vida cristã   248.844

PALAVRA & PRECE EDITORA LTDA.
Parque Domingos Luiz, 505, Jardim São Paulo, Cep 02043-081, São Paulo, SP, Brasil
Tel./Fax: +55 (11) 2978.7253
E-mail: editora@palavraeprece.com.br / Site: www.palavraeprece.com.br

O casamento é como uma música
que tem princípio, meio e fim.
No entanto, não pode ser interrompido no início,
nem no meio, quanto mais no fim.
Deve ressoar bem todas as vezes que for tocada.
Deve chegar calma e serena aos ouvidos de Deus.

Sumário

Apresentação 9

Introdução 13
   Rito e Celebração 14

O amor está sendo deixado de lado................................15
   Um dia feliz..16

Como tudo começou..21

A família é o maior dom por nós recebido 25

O casal será uma só carne..31
   Do casamento natural ao
   Sacramento do Matrimônio 31
   O nome e a finalidade do casamento 32

Crie filhos em vez de herdeiros! 35

Permanecer casado é o melhor negócio 37

Nossa vida é testemunho de Deus 39

O plano de amor do casal comprometido 41

Somos colaboradores da obra de Deus 45

Casal: templo do Espírito Santo.....................................47

Uso e abuso do corpo 49
   Nosso corpo: templo do Espírito Santo....................49

A preparação é fundamental..51

Homens e mulheres sadios..53

Somos livres para escolher nosso caminho......................55

Casamento a três...59

O amor e a confiança..61

O perdão e a educação deve ser concedidos....................63

A família é o berço de tudo!...67

O crescimento da fé e a diferença
de crença entre o casal..69

Os filhos que Deus nos dá..75

Divórcio e Nulidade..81

Alegra-te: somos livres..87

O sorriso abre portas..91

Conclusão..93
    A Igreja é a família de Deus..93

Apresentação

Apresento-lhe esse livro celebrando as maravilhas que Deus tem me proporcionado através do Sacramento do Matrimônio. Em nosso aniversário de dez anos de casamento, recebi este presente da minha amada esposa:

> "Alê
> *'Nem todos são capazes de compreender*
> *o sentido desta palavra [matrimônio],*
> *mas somente aqueles a quem foi dado.'* (Mt 19,11)
> É com essa frase que consegui traduzir
> o que vem dentro do meu coração.
> Que o Senhor continue nos dando a graça
> de passarmos todos os obstáculos juntos.
> Te amo pra valer! Conte comigo, sempre."
>
> *Mônica*[1]

Novos sonhos, doces momentos. Mais razões para ser feliz, como nunca antes!

Tenho a graça de ter uma linda esposa e companheira, Mônica, que partilha comigo todos os momentos felizes e também os de dificuldades.

---
[1] 05/05/2011.

Além disso, tenho a graça de receber diversas bênçãos, como essa:

> "Meu pai me ensinou a jogar futebol;
> Minha mãe me ensinou a ler.
> Meu pai me ensinou a rir;
> Minha mãe me ensinou a fazer sucos.
> Gostar deles ninguém me ensinou,
> Porque isso nem precisou."
>
> *Rafael*

E também essa:

> "Um pai é alguém para se orgulhar,
> Alguém para se agradecer e,
> Especialmente,
> Alguém para se amar.
> Pai, eu te amo muito!"
>
> *Ricardo*

A cada dia nossos sonhos e alegrias são renovados através do bem maior, que é a família.

Vários milagres, muitas vezes imperceptíveis, acontecem dentro de um lar todos os dias. Às vezes não percebemos o quanto nós estamos cegos para a realidade de nossa vida.

E esquecemo-nos de agradecer a Deus por ter nos dado uma família e a graça de colher os frutos gerados a partir dela.

Nossa casa é o melhor lugar do mundo, pois ali mora a paz. É o lugar em que estamos protegidos contra todas as maldades do mundo; é o lugar onde podemos encontrar as pessoas que mais nos querem bem!

O que o mundo oferece é utopia. Pode nos fazer sentir um prazer momentâneo, porém é traiçoeiro e perigoso. Não nos protege, não nos acolhe, não sofre com nossos problemas, não nos alimenta e não nos ama. Se o mundo nos amasse, certamente nos mandaria de volta para casa, pois lá está o verdadeiro amor.

E é por isso tudo que O CASAMENTO AINDA É O MELHOR NEGÓCIO! Uma ótima leitura!

Alexandre Silveira

Introdução

A Igreja Católica considera o casamento como "pacto matrimonial, com o objetivo pela qual um homem e uma mulher constituem entre si uma íntima comunidade de vida e de amor, fundado e dotado de suas leis próprias pelo Criador. Por sua natureza, é ordenado ao bem dos cônjuges, como também à geração e educação dos filhos. Entre batizados, foi elevado, por Cristo Senhor, à dignidade de sacramento" (Catecismo da Igreja Católica 1660).

Deus criou o ser humano homem e mulher para procriarem e se multiplicarem: *"Deus abençoou-os dizendo-lhes: Crescei e multiplicai-vos e enchei a Terra"* (*Gn* 1,28). Segundo a Igreja Católica a partir daí, desde a Criação, que Deus instituiu o Matrimônio, para povoar a Terra, e para que o homem e a mulher estivessem juntos: *"Não é bom que o homem esteja só; vou dar-lhe uma companheira semelhante a ele"* (*Gn* 2,18).

Jesus atribuiu ao próprio Deus as palavras do livro do *Gênesis*: *"Não ouvistes que, no princípio, o Criador os fez varão e mulher? Disse: por isso deixará o homem o pai e a mãe e se unirá à mulher, e serão dois numa só carne"* (*Mt* 19,4-5). E Deus ainda disse: *"O homem deixará seu pai e sua mãe, e unir-se-á à sua mulher, e serão dois numa só carne"* (*Gn* 2,24), afinal, *"não separe o homem o que Deus uniu"* (*Mt* 19,6).

Considera-se, portanto, esta instituição como sendo de 'direito natural', ou seja, desde o princípio da humanidade, o casamento é uma instituição natural estabelecida pelo próprio Criador e que, desde Cristo, ainda é um sacramento, o Sacramento do Matrimônio.

Rito e Celebração

A celebração do casamento católico é pública, na presença do sacerdote ou da testemunha qualificada pela Igreja e das outras testemunhas. A idade mínima canônica para o matrimônio é de 16 anos completos para o homem e 14 anos completos para a mulher.

Claro, deve haver manifestação livre e expressa por um homem e por uma mulher de se doar mútua e definitivamente com "o fim de viver uma aliança de amor fiel e fecundo". O consentimento é indispensável e insubstituível, deve ser consciente e livre de constrangimentos e violência (Compêndio n. 344).

A Igreja Católica reconhece o casamento religioso com pessoas de outras religiões ou ritos, mas considera que este ato deve ser ponderado com cuidado sendo obrigatória a autorização por parte de uma autoridade eclesiástica. O católico compromete-se a fazer tudo o que tiver ao seu alcance para batizar e educar os filhos na sua fé, sendo também no caso de casamentos entre religiões responsabilidade da pessoa católica garantir a livre conversão do parceiro para a fé cristã (Catecismo).

Vários países possuem regras em que são admitidos os chamados "efeitos civis" do casamento religioso. Isto significa que a celebração de um casamento religioso, uma vez declarada a sua existência ao oficial civil, teria a sua existência reconhecida pelo Estado como se fosse também um casamento civil.

Cada vez mais, no Ocidente, as Igrejas e denominações cristãs em razão do descompasso que se vai verificando entre as regras do casamento religioso e as do casamento civil, vão celebrando em âmbito distinto o casamento religioso e exigindo que as celebrações se façam de modo separado, de modo a demonstrar como maior nitidez as suas diferenças.

O AMOR ESTÁ SENDO DEIXADO DE LADO

Nos dias atuais, muitas coisas estão aparecendo para desviar nossa atenção e confundir nosso pensamento, nos fazendo acreditar em uma falsa liberdade, na qual tudo nos é permitido.

O que estão nos escondendo são as terríveis consequências que essa falsa liberdade traz para nossas vidas. O pior é que estamos dando ouvidos a tudo isso, e passamos a acreditar ser normal e que o tempo agora é outro.

Com isso, jogamos fora o nosso maior patrimônio que é a herança de nossos pais, que vieram de Deus. E Deus não muda, é o mesmo até hoje.

O conceito de moral, ética e bons costumes permanecem firmes, muito embora esteja sofrendo inúmeros ataques que tentam abalar nossas estruturas. O homem continua evoluindo e é aí que mora o perigo, pois acaba pensando que é Deus.

É importante estudar, ter uma profissão, se dedicar e procurar melhorar nosso dom natural recebido gratuitamente. Mas a tudo isso devemos acrescentar uma religião, dom sobrenatural (Deus), para tomarmos sempre a melhor decisão para nossas vidas.

Por motivos fúteis, pessoas estão se separando, abandonando a família, pensando que terão vida melhor fora do casamento.

Puro engano. O despreparo para lidar com situações difíceis é nítido. Todos querem se acomodar com a situação. Ninguém mais luta por nada. Estamos vivendo a cultura do "deixe a vida me levar", no mundo da conveniência.

Ora, as consequências são devastadoras e tudo isso acontece pela falta de amor. O amor está sendo deixado de lado e nós estamos concordando com isso.

A ausência de Deus na nossa vida faz com que não saibamos amar. Se não praticamos o amor através de uma religião, ficamos privados da graça de Deus acontecer.

Um dia feliz

O dia do meu casamento foi muito feliz! Preparamos tudo com calma. Marcamos a data com dezoito meses de antecedência. O temor a Deus fez com que eu e minha esposa vivêssemos a castidade, consagrando o nosso matrimônio a Ele.

Casar dá muito trabalho, mas tivemos tempo para preparar tudo ao nosso modo, atentando a cada detalhe, desde a cerimônia, onde tivemos a graça de celebrar a Missa junto com nosso casamento, e até a festa para a comemoração desse grande acontecimento.

Naquele dia tivemos a realização da vontade de Deus na nossa vida, que era o matrimônio. Foi tudo lindo, muito além do que esperávamos. Foi o dia que marcou o nascimento da nossa família através do Sacramento do Matrimônio. Todos os anos eu assisto ao vídeo do casamento e me emociono relembrando aquele dia.

> Faça essa experiência também, a cada aniversário assista ao vídeo ou reveja as fotos do seu casamento e tenha de volta aquela sensação de felicidade e saiba o quanto você é feliz e amado.

Esse é o conceito:

> O MATRIMÔNIO é o amor. Ninguém consegue viver sem a presença e a amizade de outras pessoas. Ninguém está sozinho. No casamento, essa amizade é repartida entre o marido e a mulher: é repartida entre o casal e os filhos, e com a comunidade onde vivem. O mais difícil do amor é permanecer firme nele. Só Deus mesmo é capaz de ser, sem defeito, fiel e amoroso. Quando o casal é fiel no amor, é um grande sinal de Deus. Deus está presente no amor do casal.

O matrimônio é uma vocação natural entre as pessoas, no qual homem e mulher deixam suas casas para a formação de uma nova família, aliança abençoada por Deus.

De certa forma, todo mundo já pensou em casar-se um dia...

Quando eu era jovem, observava vários casais e imaginava como seria o meu futuro casamento. Eu queria muito essa experiência, pois pensava em partilhar minha vida com outra pessoa e dar a vida a outras pessoas, no verdadeiro milagre divino que são os filhos.

Meus pais tinham um ótimo casamento e eu me inspirava muito neles, mesmo diante das dificuldades do dia a dia. Minha mãe sempre zelosa e prestativa, meu pai trabalhador e responsável pela condução do lar. Eles ofereciam tudo que podiam para mim e minhas irmãs, sacrificando suas próprias vontades para poder pagar os nossos estudos e nossas necessidades.

Eu achava aquilo muito bom, pois éramos felizes com o que tínhamos e não nos faltava nada. Meus pais vivem juntos até hoje e tenho essa ótima referência de casamento e família, que procuro passar aos meus filhos.

> Pai (Carlos) e mãe (Vilma), se eu conseguir fazer aos meus filhos e esposa a metade de que vocês fizeram por mim, serei um homem realizado, pois o berço que vocês me deram me acompanhará até o final de minha vida. Minha gratidão e reconhecimento como filho e parte dessa família.

A aliança matrimonial, pela qual o homem e a mulher constituem entre si uma comunhão da vida toda, é ordenada por sua índole natural ao bem dos cônjuges e à geração e educação da prole, e foi elevada, entre os batizados, à dignidade de sacramento por Cristo.

Deus nos fez para a felicidade. Não nascemos para vivermos sozinhos, mas sim com uma companhia. Ao criar o homem, o Pai deu a ele uma companheira: Eva. Deus também acrescentou:

> "*Por isso o homem deixa o seu pai e sua mãe para se unir à sua mulher; e já não são mais que uma só carne.*" (Gn 2,24)

Esse ato de união com o sexo oposto para juntos viverem em uma só carne é o próprio Sacramento do Matrimônio. Este é um sacramento de serviço (junto com a Ordem), e através dele nos unimos ao sexo oposto para construirmos uma família.

> O MATRIMÔNIO É UMA DOAÇÃO TOTAL AO OUTRO E A DEUS; NELE SOMOS CHAMADOS A CONSTRUIR UMA FAMÍLIA CRISTÃ, COM PENSAMENTOS RETOS E MORAIS.

Hoje o Inimigo vem se apoderando deste sacramento como se fosse algo qualquer, destruindo, eliminando e desconcertando o convívio familiar. São muitos os casamentos realizados na Igreja Católica que possuem objetivos contrários à conduta cristã, ou seja, muitos são os casais que vão para o altar com desejos carnais e com o seguinte pensamento: "Se não der certo, nos separamos".

Muitos falam como é difícil aceitar o Sacramento da Ordem, ou seja, pensam que ser sacerdote é uma grande dificuldade nos dias de hoje. Só que tanto a Ordem como o Matrimônio são sacramentos de serviço que necessitam da doação total dos que os recebem. A missão do sacerdote é direcionar o povo ao caminho de Deus.

A missão do casal é direcionar a família ao caminho da santidade e do amor fraterno. Devemos lembrarmo-nos que é através do Sacramento do Matrimônio que nascem as vocações sacerdotais, vindas da educação que os familiares deram ao vocacionado.

Podemos, então, concluir que o Sacramento do Matrimônio é uma vocação, pois devemos estar preparados para direcionar e educar filhos de Deus no caminho da Santidade. A grande prova da falta de preparo de muitos casais nos dias de hoje são os inúmeros casamentos que não dão certo.

Quero pegar uma carona no meu primeiro livro, *Tudo posso mas nem tudo me convém*[2]. Nessa narrativa, convido-lhe a se concentrar e visualizar algumas maravilhas. Viaje comigo nessa história e tenha uma linda experiência...

---

[2] SILVEIRA, Alexandre. *Tudo posso mas nem tudo me convém*. São Paulo: Palavra & Prece Editora.

Como tudo começou

Um dia, numa quarta-feira chuvosa, estava indo para o Mestrado, quando meu caminho foi desviado do rumo inicial e fui conduzido ao grupo de oração da Paróquia de Santa Terezinha, na Zona Norte de São Paulo.

Chegando lá, ainda solteiro, eu assisti à Missa. Logo depois, iniciou-se o grupo de oração. Naquela noite, um rapaz, cujo nome eu não sei, mas tenho certeza de que foi enviado por Deus, pois através dele recebi a tão nobre resposta que eu estava procurando, tocou meu coração com algumas palavras. Gostaria de partilhar estas palavras com vocês:

> *"Houve uma batalha no Céu. Miguel e seus anjos tiveram de combater o Dragão. O Dragão e seus anjos travaram combate, mas não prevaleceram. E já não houve lugar no Céu para eles. Foi então precipitado o grande Dragão, a primitiva serpente, chamado Demônio e Satanás, o sedutor do mundo inteiro. Foi então precipitado na terra, e com ele os seus anjos.*[3] *(...) Deus fez o céu, a terra e o mar."*[4]

---

[3] *Apocalipse* 12,7-9.
[4] Cf. relato da Criação, em *Gênesis* 1,1-11.

Diante da batalha perdida no Céu, Lúcifer e seus anjos foram jogados na Terra. Portanto, quem primeiro chegou à Terra foi Satanás, o príncipe terrestre.

Indignado com a derrota, o Inimigo prometeu estragar toda criação de Deus na Terra, pois ele se intitula o dono dela. Reuniu-se com seus anjos e prometeu estragar todo o plano de amor que Deus preparou ao homem.

Deus criou o homem e a mulher já pensando na realização do maior plano de amor: a família.

Astuto, sedutor, se fazendo passar pela serpente, o Inimigo ludibriou o primeiro casal, Adão e Eva. Conseguiu com que Eva ficasse totalmente seduzida e comesse o fruto proibido.[5]

Adão e Eva pecaram, pois desobedeceram a Deus. Desde então, todos os homens nascem com o pecado original. Este pecado, aliado a todos os outros que cometemos, dificulta o cumprimento da vontade de Deus sobre o matrimônio. Por isso, Jesus Cristo quis vir ao mundo: para redimir-nos do pecado e para que pudéssemos viver como filhos de Deus nesta vida.

O plano de amor de Deus fora sempre idealizado com base na família, instituição que é a mais visada pelo Inimigo, que pretende a destruição do lar e o fim da instituição.

Quando o Inimigo veio à Terra, passou a imperar as leis dos homens. Ou seja, discussões e disputas eram resolvidas sempre por meio de violência, morte e destruição dos povos, pois estavam sob o domínio do pecado.

Em decorrência desta situação, Deus resolveu criar um marco na história da Terra, e como não poderia ser diferente, o fez de maneira sábia e perfeita. Ele procurou e escolheu a mulher mais pura e santa e lhe enviou um anjo para anunciar que seria a mãe do Filho

---

[5] Cf. *Gênesis* 3,1-24.

de Deus. Ela aceitou de imediato, apesar de estar noiva e prometida em casamento a um carpinteiro.[6]

Através do 'sim' de Maria, Deus enviou Seu Filho Jesus Cristo à Terra, concebido no ventre da sempre Virgem Maria Santíssima e tendo José como pai adotivo. Foi então formada a Sagrada Família de Deus: Jesus, Maria e José.

Jesus veio à Terra para nos salvar e nos fazer diferenciar as obras de Deus das obras do Mal. Durante toda a vida, o Filho de Deus foi submisso a tudo o que existia na Terra e durante a Sua passagem mostrou para o povo a verdadeira vontade de Deus para Seus filhos. Tamanha obediência ao Pai fez com que Jesus sofresse injustamente, submetendo-se ao julgamento dos homens a fim de salvar o povo das garras do pecado. Sofreu a morte, e morte na Cruz, pela nossa salvação.

Mas Jesus ressuscitou e voltou ao Céu, onde vive e reina ao lado do Pai para nos salvar. Na hora de nossa morte, todos nós seremos julgados de acordo com as nossas obras aqui na Terra. Deus nos oferece a vida eterna, que significa a eternidade de paz e glória ao lado do Pai. O merecimento do Reino do Céu dependerá de nossas atitudes aqui, pois somente através de bons atos teremos os nossos nomes inscritos no livro da vida.

Todos aqueles cujos nomes não estiverem escritos no livro da vida serão lançados ao fogo, pois viveram neste mundo consagrados ou presos às obras do pecado. Para se ter uma ideia de como é o Inferno, basta que pensemos no dia mais triste de nossa vida. Agora, eternize-o. Isso é o Inferno.

> "O ensinamento da Igreja afirma a existência e a eternidade do inferno. As almas dos que morrem em estado de pecado

---

[6] Cf. *Lucas* 1,26-37.

mortal descem imediatamente após a morte aos Infernos, onde sofrem as penas do Inferno, o 'fogo eterno' (Credo do povo de Deus – Solene Profissão de Fé, 12). A pena principal do Inferno consiste na separação eterna de DEUS, o Único em quem o homem pode ter a vida e a felicidade para as quais foi criado e às quais aspira."[7]

O oposto a isso é o Céu. Imagine o dia mais feliz de sua vida, aquele dia em que você realmente encontrou a paz. Eternize-o. Essa é a morada do Pai.

"Essa vida perfeita com a Santíssima Trindade, essa comunhão de vida e amor com Ela, com a Virgem Maria, os anjos e todos os bem-aventurados, é denominada 'o Céu'. O Céu é o fim último e a realização das aspirações mais profundas do homem, o estado de felicidade suprema e definitiva."[8]

A população mundial vive em torno de setenta anos. Não podemos ser egoístas a ponto de viver todo esse tempo cometendo os mais variados pecados, vivendo de mãos dadas com o mal e perdendo a eternidade de paz e glória ao lado de Deus.

Você já sabe de onde vem o bem e de onde vem o mal, para onde vão aqueles que praticam o bem e para onde vão os que praticam o mal. A sua vida eterna está em suas mãos. Está lançado o desafio! Para ser vencedor na vida, no seu casamento, decida-se por Jesus!

---

[7] Catecismo da Igreja Católica, 1035.
[8] Catecismo da Igreja Católica, 1024.

A FAMÍLIA É O MAIOR DOM POR NÓS RECEBIDO

A FORMAÇÃO DA FAMÍLIA ATRAVÉS DO SACRAMENTO DO MATRIMÔNIO É A VIA QUE AGRADA DEUS E QUE MAIS LEVA AS PESSOAS AO ENCONTRO D'ELE.

O Sacramento do Matrimônio é uma das grandes obras divinas, criado para o amor familiar. A família é o grande investimento que Deus criou e é através dela que cidadãos retos são educados e moldados à imagem de Cristo. A Igreja ensina que a família é um dos bens mais ricos da humanidade.

A família é um dom precioso porque forma parte do plano de Deus para que todas as pessoas possam nascer e desenvolver-se em uma comunidade de amor, ser bons filhos de Deus neste mundo e participar na vida futura do Reino dos Céus: Deus quis que os homens, formando a família, colaborassem com Ele nesta tarefa.

Os planos de Deus para o matrimônio estão revelados na *Bíblia:* Deus criou o homem à Sua imagem e semelhança; os fez varão e mulher, os abençoou e os mandou crescer e multiplicar-se para povoar a terra[9]. E para que isto fosse possível de um modo verdadeiramente humano, Deus mandou que o homem e a mulher se unissem para formar a comunidade de vida e amor, que é o matrimônio[10].

---

[9] Cf. *Gn* 1,27.
[10] Cf. *Gn* 2,19-24

Quando as famílias se formam segundo a vontade de Deus, são fortes, sanas e felizes; possibilitam a promoção humana e espiritual dos seus membros, contribuindo à renovação de toda a sociedade e até mesmo da Igreja.

A Igreja oferece sua ajuda a todos os homens, recordando-lhes o desígnio de Deus sobre a família e sobre o matrimônio. Cabe a nós compreender e dar testemunho dos ensinamentos de Jesus neste campo.

Somente com a ajuda da graça de Deus, vivendo verdadeiramente o Evangelho, é possível realizar plenamente o projeto d'Ele sobre o matrimônio e a família.

Quando a infidelidade, o egoísmo e a irresponsabilidade dos pais são as normas de conduta em relação aos filhos, toda a sociedade se vê afetada pela corrupção, pela desonestidade de costumes e pela violência.

As mudanças culturais das últimas décadas influenciaram fortemente o conceito tradicional da família. Entretanto, a família é uma instituição natural dotada de uma extraordinária vitalidade, com grande capacidade de reação e defesa. Nem todas as mudanças sofridas foram prejudiciais e, por isso, pode-se dizer que atualmente a família é composta de aspectos positivos e negativos.

O sentido cristão da vida influenciou a sociedade no modo de que se promova cada vez mais uma consciência viva de liberdade e responsabilidades pessoais no seio das famílias; o desejo de que as relações entre os esposos e dos pais com os filhos sejam virtuosas; uma grande preocupação pela dignidade da mulher; uma atitude mais atenta à paternidade e maternidade responsáveis; um maior cuidado com a educação dos filhos; uma maior preocupação pelas famílias, para que se relacionem e se ajudem entre si. Muitos erros são cometidos por homens e mulheres em nossos dias, e eles contribuem para um maior distanciamento do plano divino: equivocada concepção da independência dos esposos; defeitos na autoridade e na relação entre pais e filhos; dificuldades para que a família transmita os valores humanos e cristãos; crescente número de divórcios e de uniões não matrimoniais; o recurso fácil à esterilização, ao aborto e a extensão de uma mentalidade antinatalista muito difundida entre os matrimônios; condições morais de miséria, insegurança e materialismo; a emergência silenciosa de grande número de crianças abandonadas, frutos da irresponsabilidade ou da incapacidade educativa dos seus pais; grande quantidade de pessoas abandonadas pela falta de famílias estáveis e solidárias.

A única solução eficaz é que cada homem e cada mulher se esforcem para viver nas suas famílias os ensinamentos do Evangelho, com autenticidade.

Jesus Cristo nasceu em uma família exemplar; Seus pais foram José e Maria. Ele os obedeceu em tudo (cf. *Lc* 2,51) e aprendeu com eles a crescer como verdadeiro Homem. Assim, a família de Cristo é exemplo e modelo para toda família.

Os exemplos da Sagrada Família alcançam os homens de todas as épocas e culturas, porque o único modo de conseguir a realização pessoal e a dos seres amados é criar um lar no qual a ternura, o respeito, a fidelidade, o trabalho, o serviço desinteressado sejam as normas de vida.

Cada homem é responsável, de uma maneira ou de outra, pela sociedade em que vive, e, portanto pela instituição familiar, que é o seu fundamento. Os casados devem responder pela família que formaram para que ela seja mantida segundo o desígnio de Deus; os que permanecem solteiros devem cuidar daquela na qual nasceram. Os jovens e adolescentes têm uma particular responsabilidade de prepararem-se para construir estavelmente sua futura família.

No dia de seu casamento, um homem e uma mulher se dão um ao outro para sempre. Eles o fazem na Igreja, reconhecendo que seu amor vem de Deus.

O Sacramento do Matrimônio não é uma cerimônia de um dia: é através de toda a existência que os esposos vivem o sacramento.

Para Jesus, o próprio Deus está no centro da união dos esposos. Ele disse: "Que o homem não separe o que Deus uniu". *São Paulo* escreveu sobre o casal: "Esse mistério é grande". Para ele, a união do homem e da mulher era o símbolo da união de Cristo e da Igreja. No decorrer dos primeiros séculos cristãos, percebe-se cada vez mais que o amor que faz o matrimônio vem de Deus.

O matrimônio é um sacramento que une em Deus um homem e uma mulher no seio de uma comunidade cristã: eles se ajudarão mutuamente a viver segundo o desejo de Deus a educar juntos seus filhos, a mostrar com suas próprias vidas que o amor de Deus é fiel e traz a felicidade.

O matrimônio é o sacramento instituído por Jesus Cristo que estabelece uma união sadia e indissolúvel entre o homem e a mulher, e lhes dá a graça de se amarem mutuamente e de educarem cristãmente os filhos. É preciso receber esse sacramento em estado de graça com Deus.

Os ministros do Sacramento do Matrimônio são os próprios cônjuges e os seus fins são a procriação e a educação dos filhos, o amor e a ajuda mútua entre os esposos e o remédio da concupiscência. As suas propriedades são a unidade e a indissolubilidade; isto é, deve ser de um com uma e para sempre. Para viverem santamente, os esposos cristãos devem amar-se e guardar fidelidade um ao outro, receber os filhos que Deus lhes dê e educá-los segundo os princípios cristãos.

O matrimônio expressa o amor de Deus por Seu povo, que é a Igreja. Assim como Cristo se entregou em sacrifício por amor à Igreja e permanece eternamente fiel a ela, do mesmo modo os esposos se entregam um ao outro totalmente, imitando o amor de Cristo.

É um grande bem receber o Sacramento do Matrimônio no caso dos batizados, porque é o único modo de santificar o amor humano entre o homem e a mulher.

Deus infunde Sua graça nos corações dos esposos para que cumpram os deveres próprios de seu estado: a fidelidade às suas promessas, a procriação e educação dos seus filhos, o sustento mútuo em meio às alegrias e dificuldades da sua vida.

O matrimônio entre os batizados é um dos sete sacramentos que Jesus Cristo instituiu. Isto quer dizer que é um caminho de santidade: Deus chama os esposos a ganharem o Céu, santificando-se em seu matrimônio e na sua vida familiar. Saber que o matrimônio é uma vocação divina nos ajuda a defendê-lo e a valorizá-lo adequadamente, respondendo com generosidade à vontade de Deus.

Um homem e uma mulher que, sendo católicos, estejam vivendo juntos e queiram continuar assim para sempre, deveriam falar com o pároco ou sacerdote católico mais próximo, expor sua situação e procurar santificar seu lar com o Sacramento do Matrimônio.

Se quiserem celebrá-lo, não devem temer o pequeno desembolso econômico que suponha a celebração e nem preocupar-se, por mais que já levem anos vivendo assim, inclusive tendo filhos maiores, ou de outras uniões anteriores não sacramentais: o importante é que seu lar e seu amor sejam santificados e eles tenham a consciência de ter cumprido a vontade amorosa de Deus.

Esta conduta tem valor exemplar. A fidelidade é um grande valor humano e uma grande virtude que torna possível o desenvolvimento autêntico da personalidade e a felicidade familiar. Entretanto, se este homem e esta mulher que vivem juntos são católicos, sua fé e seu amor a Deus devem levá-los, sempre que seja possível, a santificar seu lar com o Sacramento do Matrimônio.

Alguns casais que guardam fidelidade temem que recebendo o Sacramento do Matrimônio o cônjuge vai sentir-se seguro de possuir ao outro e que isso pode ser o começo dos problemas no matrimônio. Entretanto, devem saber que este temor não tem fundamento quando existe verdadeiro amor, já que o amor dos esposos e o sacramento que santifica seu lar são os princípios da bênção de Deus para sua família.

Essas pessoas devem saber que o Sacramento do Matrimônio abençoa o amor já existente entre os esposos, lhes dá forças para vivê-lo, e recebem a ajuda divina e a bênção de Deus para santificar-se em sua vida matrimonial.

O CASAL SERÁ UMA SÓ CARNE

Um dos estados de vida que é santificado por Jesus Cristo é o estado matrimonial. Assim como Jesus abençoa um sacerdote com um sacramento especial, a Ordem, assim também abençoa o homem e a mulher que se unem para formar uma família. Para isso Jesus instituiu o Sacramento do Matrimônio, ou casamento.

Do casamento natural ao Sacramento do Matrimônio

Deus criou nossos primeiros pais como esposos e os uniu para toda a vida. Deste modo, Deus instituiu o casamento natural.

> *"Por isso o homem deixa o seu pai e sua mãe para se unir à sua mulher; e já não são mais que uma só carne."* (Gn 2,24)

Quando Jesus veio ao mundo para nos salvar, elevou este casamento natural à dignidade de sacramento, ou seja, deu a esta união do homem e da mulher um valor sagrado, com as graças correspondentes para a missão que recebem. Por isso, *São Paulo* compara o casamento à união de Jesus Cristo com a Sua Igreja, esposa de Cristo. Assim como Jesus ama a Igreja e morre por ela, os esposos amam-se e vivem um pelo outro[11].

---

[11] Cf. *Ef* 22.

O nome e a finalidade do casamento

Este sacramento recebe o nome de matrimônio, ou seja, função de ser mãe, significando a grandeza e o valor da maternidade. Onde se diz "maternidade" leia-se "filhos". Basta examinarmos as características próprias do casamento para compreendermos que quando a Igreja ensina que o fim principal do casamento são os filhos, ela está simplesmente sendo verdadeira. A Igreja não tem medo da verdade porque sabe que só ela é fonte da verdadeira liberdade. É assim que devemos ensinar que:

– O fim principal do casamento é a procriação;

– O amor mútuo é também um fim, porém subordinado, no sentido de depender do fim principal.

Assim também o equilíbrio da concupiscência que proporciona o casamento. Se os fins forem invertidos, abrem-se as portas para a destruição da família.

Diferenças entre o Sacramento do Matrimônio e união livre atual	
Casamento católico	*União livre*
Os dois se unem para formar uma sociedade, a família. Não é uma soma, mas algo novo, com características próprias.	Os dois se unem para fazer uma experiência em comum. Soma de interesses particulares.
Se é uma sociedade, então a família tem objetivo próprio e os meios para alcançá-los.	Não sendo uma sociedade, cada um tem seu objetivo próprio. O meio de alcançá-lo é o outro. É a origem das brigas e desavenças.

Toda sociedade é voltada para o seu próprio crescimento. Ela busca necessariamente os frutos.	Os interesses particulares de cada um não exigem frutos exteriores. Os filhos são "programados" quando há interesse mútuo.
Sendo uma sociedade, solenemente constituída diante de Deus e da Igreja, os dois são obrigados a cumprir as regras do contrato. Daí o bem da Fidelidade.	Não sendo uma sociedade, as regras são puramente pessoais, promessas feitas um ao outro, laços frágeis que se rompem com facilidade. A fidelidade é fictícia.
Toda sociedade supõe a intenção de perdurar no tempo. Daí a indissolubilidade do casamento decretada por Deus.	Uma experiência é em si mesma uma realidade passageira, temporária, mesmo se este tempo chega a ser longo.
Os membros dessa sociedade unem seus esforços e interesses pelos objetivos e frutos da sociedade. É o fundamento do verdadeiro amor.	Os pares unidos experimentalmente se amam por paixão sentimental que é passageira e sujeita a variações. Não é verdadeiro amor por falta de fundamento sólido.
A família é um todo, o casal e os filhos são suas partes. O bem do todo é mais importante do que o bem das partes. Cada um deve renunciar ao seu próprio interesse quando este for contrário ao interesse do todo.	A união sem vínculo matrimonial é um amontoado de interesses particulares impostos como supremos. Mais cedo ou mais tarde haverá choques de interesses.

Quando dois jovens resolvem se casar deve preparar-se com muito cuidado para receber este sacramento. Devem procurar se conhecer para ver se, de fato, estão prontos para viver o resto de suas vidas na companhia um do outro, se existe verdadeiro amor entre eles e não pura paixão sentimental, que logo desaparece. Por isso devem rezar, pedir um direcionamento a Deus, ouvir os conselhos dos pais e do diretor espiritual.

Fundando uma nova família com a bênção divina, os dois devem medir a grande responsabilidade que assumem diante de Deus e a grande graça de receber esta missão especial de colaborar com Deus na criação de novos filhos, de levá-los à fé pelo Santo Batismo, de educá-los e amá-los de modo verdadeiro, exigindo sempre o caminho reto e a vida religiosa.

Crie filhos em vez de herdeiros!

"Dinheiro só chama dinheiro, mas não chama para um passeio, nem para tomar um sorvete!

Não deixe que o trabalho sobre a sua mesa tampe a vista da janela. Não é justo fazer declarações anuais ao fisco e nenhuma para quem você ama!

Para cada almoço de negócios, faça um jantar à luz de velas!

Por que as semanas demoram tanto e os anos passam tão rápido? Quantas reuniões foram mesmo esta semana? Reúna os amigos!

Trabalhe, trabalhe, trabalhe, mas não se esqueça, vírgulas significam pausas!

E quem sabe assim você seja promovido a melhor amigo, melhor pai, melhor mãe, melhor filho, melhor filha, melhor marido, ou melhor, esposa!

Você pode ser ajudado, mas não se esqueça de retribuir a pessoa agradecida e abençoada, porque você pode dar uma festa sem dinheiro, mas não sem amigos!

É bom ter dinheiro e as coisas que o dinheiro pode comprar, mas é bom verificar se não estamos perdendo as coisas que o dinheiro não pode comprar.

Não eduque seu filho para ser rico, eduque para ser feliz. Assim ele saberá o valor das coisas e não o seu preço!"[12]

Pelo Sacramento do Matrimônio, Cristo une os esposos num vínculo santo e indissolúvel, ou seja, que nunca poderá ser desfeito, a não ser pela morte de um dos dois.

Jesus instituiu o Sacramento do Matrimônio e quis que fosse indissolúvel, para proteger os filhos e preservar as famílias, base da sociedade cristã.

As famílias católicas, protegidas e fortalecidas pela graça do sacramento, vivendo pela fé profunda que os pais transmitem aos filhos, pela oração que todos fazem uns pelos outros e para Deus, tendo o Sagrado Coração de Jesus e o Imaculado Coração de Maria como centro de todos os interesses e atenções, conseguirão atravessar todas as dificuldade da vida presente, ajudando uns aos outros a alcançar o Céu.

---

[12] ROSSI, Cristobal.

Permanecer casado é o melhor negócio

Depois de lermos estas primeiras páginas, devemos concentrar a leitura nas particularidades do casamento, já que não há mais dúvida de que permanecer casado é o melhor negócio.

Somos chamados a sermos apóstolos por vontade de Deus, para trabalharmos na Sua obra, principalmente nos lugares nos quais o pecado impera, colaborando com a Igreja de Cristo na missão de evangelizar.

Conforme *São Paulo* Apóstolo nos ensina, devemos agir com iniciativa e propriedade, pois fomos santificados em Cristo Jesus e chamados a ser santos. Devemos dar graças por toda a nossa vida, nossas vitórias, nossas dificuldades, pois foi pela graça de Deus que foi concedida a sua vida em Cristo Jesus, pois n'Ele é que enriquecemos os nossos dons.

Devemos sempre esperar as manifestações de Cristo em nossas vidas e estar atentos a todas elas.

Por Deus fomos chamados ao serviço do matrimônio; por Ele fomos convidados a resgatar aqueles que estão perdidos; por Ele devemos ser mensageiros da Boa-nova que é a vida do próprio Cristo, a quem devemos estar sempre em comunhão.

Esse é o verdadeiro espírito do casamento, ou seja, a ajuda mútua entre os cônjuges, resolução de conflitos e a propagação da paz.

Devemos sempre procurar o acordo para que não haja divisões nas comunidades em que vivemos. Para isso é que fomos chamados a sermos mensageiros da paz, para que possamos permanecer unidos no mesmo espírito e no mesmo pensamento.

Vivemos no mundo do egoísmo, onde o "eu" impera sobre as decisões que beneficiam o interesse comum; esquecemos que todos nós fomos batizados em Cristo e devemos fazer a vontade d'Ele.

Estamos deixando de lado todos os conceitos éticos e morais que a vida de Cristo nos proporciona, para vivermos no individualismo e eterna competição. Devemos nos engajar em serviços pastorais dando testemunho com nossa vida em favor do próximo. Não podemos fugir dessa responsabilidade.

Nossa vida é testemunho de Deus

Cristo não lhe enviou para julgar conforme seu próprio entendimento, mas para pregar o Evangelho de maneira simples, sem recorrer à sabedoria da linguagem, para não esvaziar da sua eficácia a Cruz de Cristo.

A linguagem da Cruz é, certamente, uma loucura para os que se perdem, mas para os que se salvam, para nós, é força de Deus.

> *"Destruirei a sabedoria dos sábios e rejeitarei a inteligência dos inteligentes."* (1Cor 1,19)

Devemos dar testemunho de Cristo com nossa vida, não importando de que forma devemos fazer. Onde está o sábio? Onde está o letrado? Onde está o investigador deste mundo? Acaso não tornou Deus louca a sabedoria deste mundo?

Pois, já que o mundo, por meio da sua sabedoria, não reconheceu a Deus na sabedoria divina, coube a Deus salvar os que creem pela loucura da pregação.

Enquanto muitos pedem sinais e outros andam em busca da sabedoria, nós pregamos um Cristo crucificado, pelo simples fato de que é Cristo, poder e sabedoria de Deus que edifica você através do casamento.

Portanto, o que é tido como loucura de Deus, é mais sábio que os homens, e o que é tido como fraqueza de Deus, é mais forte que os homens.

Aqueles o mundo considera fracos e desprezíveis são os que Deus escolheu; escolheu os que nada são para reduzir a nada aqueles que são alguma coisa.

Assim, ninguém pode se vangloriar diante de Deus, pois é por Ele que nós estamos em Cristo Jesus, que se tornou para nós sabedoria que vem de Deus, justiça, santificação e redenção, a fim de que possamos nos gloriar no Senhor, com humildade, mansidão e pés no chão para caminharmos na estrada do Senhor e superarmos todos os obstáculos do casamento.

O PLANO DE AMOR DO CASAL COMPROMETIDO

Devemos sempre levar a Palavra de Deus ao próximo, transmitindo-a de maneira simples, para que as obras de Deus em sua vida recebam mais destaque do que as belas palavras pronunciadas.

Não devemos mostrar ao próximo outra coisa a não ser Cristo, sabendo que somos fracos e deixando que as palavras sejam uma demonstração do poder do Espírito Santo, para que a fé não se baseie na sabedoria dos homens, mas no poder de Deus.

Devemos ensinar a sabedoria de Deus e glorificá-la através do nosso testemunho de casal comprometido com o plano de amor oferecido por Deus que está alicerçado na família. O homem e a mulher foram criados por Deus numa igual dignidade como seres humanos e, ao mesmo tempo, numa recíproca complementaridade como homem e mulher. Deus os quis um para o outro, para uma comunhão de pessoas. Juntos, são também chamados a transmitir a vida humana, formando no matrimônio *"uma só carne"*,[13] e a dominar a terra como "intendentes" de Deus.

A liturgia celeste do casamento é celebrada pelos anjos, pelos santos da Antiga e da Nova Aliança, em particular pela Mãe de Deus, pelos Apóstolos, pelos mártires e por uma *"multidão imensa, que ninguém pode contar gente de todas as nações, tribos, povos e*

---

[13] *Gn* 2,24.

línguas"¹⁴. Quando celebramos nos sacramentos o mistério da salvação, participamos dessa liturgia eterna.

Dois sacramentos, a Ordem e o Matrimônio, conferem uma graça especial para uma missão particular na Igreja a serviço da edificação do povo de Deus. Eles contribuem, em particular, para a comunhão eclesial e para a salvação dos outros.

Deus, que é amor e criou o homem para e por amor, chamou-o a amar. Criando o homem e a mulher, chamou-os no matrimônio a uma íntima comunhão de vida e de amor entre si, *"assim eles não são mais dois, mas uma só carne"*¹⁵. Ao abençoá-los, Deus lhes disse: *"Sede fecundos e prolíficos"*.¹⁶

A união matrimonial do homem e da mulher, fundada e estruturada com leis próprias pelo Criador, por sua natureza está ordenada à comunhão e ao bem dos cônjuges e à geração e educação dos filhos. A união matrimonial, segundo o originário desígnio divino, é indissolúvel, como afirma Jesus Cristo: *"Não separe, pois, o homem o que Deus uniu"*¹⁷.

Deus, sobretudo por meio da pedagogia da Lei e dos profetas, ajuda o Seu povo a amadurecer progressivamente à consciência da unicidade e da indissolubilidade do matrimônio. A aliança nupcial de Deus com Israel prepara a Aliança nova realizada pelo Filho de Deus, Jesus Cristo, com a Sua esposa, a Igreja.

Jesus Cristo não só restabelece a ordem inicial querida por Deus, mas dá a graça de viver o Matrimônio na nova dignidade de sacramento, que é o sinal do Seu amor esponsal pela Igreja:

---

[14] *Ap* 7,9.
[15] *Mt* 19,6.
[16] *Gn* 1,28.
[17] *Mc* 10,9.

"Maridos, amai as vossas mulheres como Cristo amou a Igreja."[18]

O matrimônio não é obrigação para todos. Em particular, Deus chama alguns homens e mulheres a segui-l'O na via da virgindade e do celibato pelo Reino dos Céus, renunciando ao grande bem do matrimônio para se preocupar com as coisas do Pai e procurar agradar-Lhe, tornando-se sinal da absoluta primazia do amor de Cristo e da ardente expectativa da Sua vinda gloriosa.

Uma vez que o matrimônio estabelece os cônjuges num estado público de vida na Igreja, a sua celebração litúrgica é pública, na presença do sacerdote (ou da testemunha qualificada pela Igreja) e das outras testemunhas.

O consenso matrimonial é a vontade expressa por um homem e por uma mulher de doar-se mutuamente e definitivamente, com o objetivo de viver uma aliança de amor fiel e fecundo. Uma vez que o consentimento faz o matrimônio, ele é indispensável e insubstituível. Para tornar válido o matrimônio, o consenso deve ter como objeto o verdadeiro e ser um ato humano, consciente e livre, não determinado por violência ou constrangimentos.

Para serem lícitos, os matrimônios *mistos* (entre católico e batizado não católico) exigem a licença da autoridade eclesiástica. Os que têm *disparidade de culto* (entre católico e não batizado), para serem válidos, têm necessidade de uma dispensa. Em todo caso, é essencial que os cônjuges não excluam a aceitação dos fins e das propriedades essenciais do matrimônio, e que o cônjuge católico confirme os compromissos, conhecidos também pelo outro cônjuge, de manter a fé e de garantir o batismo e a educação católica dos filhos.

---

[18] *Ef* 5,25.

O Sacramento do Matrimônio gera entre os cônjuges um vínculo perpétuo e exclusivo. O próprio Deus sela o consenso dos esposos. Portanto, o matrimônio concluído e consumado entre batizados jamais pode ser dissolvido. Além disso, esse sacramento confere aos esposos a graça necessária para atingir a santidade na vida conjugal e para o acolhimento responsável dos filhos e a educação deles.

Às famílias, Deus se revela por meio do Espírito, pois o Espírito tudo penetra, até as profundidades de Deus.

Somos colaboradores da obra de Deus

Quem somos nós? Somos simples servos de Deus pelo fato de termos abraçado a fé, na qual cada um de nós atuou segundo a medida que Deus nos concedeu.

Somos obedientes à Palavra de Deus e do presente recebido através do Sacramento do Matrimônio, colaborando com a obra divina na criação de famílias.

Nós plantamos, outros irmãos regaram, mas foi Deus quem deu o crescimento. Assim, nem o que planta nem o que rega é alguma coisa, mas só Deus, que faz crescer.

Tanto o que planta como o que rega formam um só e cada um receberá a recompensa, conforme o seu próprio trabalho, pois nós somos cooperadores de Deus e o próximo é o terreno de cultivo de Deus, a edificação d'Ele, onde o alicerce é a família.

Pela graça de Deus, uma pessoa é o arquiteto que coloca o alicerce, enquanto a outra pessoa constrói sobre o alicerce, edifica sobre ele. Mas cada um deve zelar pelo que constrói, pois ninguém pode pôr um alicerce diferente do que já foi posto por Jesus Cristo.

A família manifesta e realiza a natureza de comunhão da Igreja como família de Deus. Cada membro, segundo o próprio papel, exerce o sacerdócio batismal, contribuindo para fazer da família uma comunidade de graça e oração, escola das virtudes humanas e cristãs, lugar do primeiro anúncio da fé aos filhos.

Os cristãos santificam o domingo e as outras festas de preceito participando da Eucaristia do Senhor e abstendo-se daquelas atividades que impedem de prestar culto a Deus e perturbam a alegria própria do dia do Senhor ou o necessário descanso da mente e do corpo.

Um homem e uma mulher unidos em matrimônio formam, juntamente com seus filhos, uma família. Deus instituiu a família e dotou-a da Sua constituição fundamental. O matrimônio e a família são ordenados para o bem dos esposos, para a procriação e para a educação dos filhos. Entre os membros de uma mesma família estabelecem-se relações pessoais e responsabilidades primárias. Em Cristo, a família se torna *igreja doméstica*, porque é comunidade de fé, de esperança e de amor.

O casamento é assim e só se eterniza se for a três: homem, mulher e Deus!

Portanto, o casamento é ter o compromisso de erguer a obra de Deus na vida do outro. Quem a muito é dado, muito será exigido. Deus conta com sua ajuda para edificar a obra divina.

Casal: templo do Espírito Santo

A família cristã constitui o primeiro lugar da educação para a oração. A oração familiar cotidiana é particularmente recomendada, porque é o primeiro testemunho da vida de oração da Igreja. A catequese, os grupos de oração, a "direção espiritual" constituem uma escola e uma ajuda à oração.

Saiba que você é templo do Espírito Santo de Deus. Seu corpo é território santo. Assim, não se entregue ao primeiro aventureiro que pretende pisar nesse solo sagrado. Aquele(a) que lhe merecer deverá seguir a forma sugerida por Deus, ou seja, o Sacramento do Matrimônio. A pessoa escolhida deverá descalçar as sandálias e pisar com muito cuidado e respeito neste solo sagrado, pois está em um território de Deus, e se alguém destrói o templo de Deus, Deus o destruirá.

Não se engane, tampouco se julgue sábio segundo os preceitos deste mundo, pois a sabedoria deste mundo é loucura diante de Deus. Deus, que tudo vê e apanha os sábios na sua própria astúcia, também conhece os pensamentos dos sábios e sabe que são fúteis.

Devemos ser imitadores de Cristo na condução de nossa família. Nossa conduta como casal deve ser sempre contra a imoralidade. Às vezes achamos graça perante as imoralidades cometidas diante dos outros.

Uso e abuso do corpo

Tudo me é permitido, mas nem tudo é conveniente. Tudo me é permitido, mas eu não me farei escravo de nada. Devemos cuidar do nosso corpo com o mesmo zelo que devemos cuidar da nossa mente. Corpo são e mente sã.

Deus criou o ser humano, homem e mulher, com igual dignidade pessoal, e inscreveu nele a vocação do amor e da comunhão. Cabe a cada um aceitar a própria identidade, reconhecendo sua importância e a complementaridade.

São pecados gravemente contrários à castidade, cada qual segundo a natureza do próprio objeto: adultério, masturbação, fornicação, pornografia, prostituição, estupro. Esses pecados são a expressão do vício da luxúria. Cometidos com menores, esses atos são um atentado ainda mais grave contra a integridade física e moral.

Nosso corpo: templo do Espírito Santo

Nossa saúde está vinculada à conduta perante a nossa própria vida, pois temos responsabilidade direta naquilo que somos.

Devemos tomar cuidado com nossa alimentação, pois os alimentos são para o ventre e vice-versa. O corpo não é para a impureza, mas para Deus.

O exercício físico monitorado por profissionais e principalmente por médicos, é fundamental. Dessa forma se aumenta a expectativa de vida e se passa a viver com muito mais qualidade.

É preciso deixar de procurar o médico somente quando notamos algum problema. A prevenção é fundamental!

Conhecer nosso corpo é uma necessidade essencial para cada pessoa, pois assim monitoramos nossa saúde e solucionamos eventuais problemas que poderiam, posteriormente, nos causar um grande malefício à nossa saúde.

Lembremo-nos do ditado: "Você é aquilo que você come". A comida também é uma das maiores causadoras de doenças cardíacas. Não podemos nos esquecer também da obesidade.

Todos os nossos esforços devem ser canalizados para vivermos bem. Uma dieta bem balanceada faz com que nossa expectativa de vida aumente, com isso viveremos mais e melhor para desempenharmos nosso papel a serviço de Deus.

Fica então uma dica: fazer exercícios físicos com acompanhamento médico e de um profissional de educação física, balanceando tudo isso com uma boa alimentação indicada por um profissional especializado em nutrição. Acompanhe alguns alimentos que você poderá consumir para uma dieta saudável. Ajude seu cônjuge! Força, você é capaz!

Nossos corpos são membros de Cristo, portanto devemos cuidar daquilo que é sagrado. Fomos comprados por um alto preço!

A PREPARAÇÃO É FUNDAMENTAL

Que cada homem tenha a sua mulher e cada mulher, o seu marido. Que o marido cumpra o dever conjugal para com a sua esposa e a esposa faça o mesmo para com o seu marido.

A esposa não pode dispor do próprio corpo, mas sim o marido; e, do mesmo modo, o marido não pode dispor do próprio corpo, mas sim a esposa. Que o marido não recuse a esposa e, do mesmo modo que a esposa jamais recuse o marido, a não ser de mútuo acordo e por algum tempo, para a dedicação exclusiva da oração.

Cada um recebe de Deus o seu próprio carisma, um de uma maneira, outro de outra. Se o seu carisma não for o casamento, busque a castidade. Mas, se não podem guardar continência, casem-se; pois é melhor casar-se do que ficar abrasado.

Aos que já estão casados, Deus ordena que a mulher não se separe do marido; se, porém, ela já estiver separada, que não se case de novo, ou, então, reconcilie-se com o marido; e o marido não deve repudiar a sua mulher.

Se algum irmão tem uma esposa sem fé e esta consente em habitar com ele, não a repudie. E, se alguma mulher tem um marido descrente e este consente em habitar com ela, não o repudie, pois o marido sem fé é santificado pela mulher e a mulher descrente é santificada pelo marido.

Mas se a pessoa sem fé quiser separar-se, que se separe, porque, em tais circunstâncias, o casal está desvinculado. Deus nos chamou para viver em paz. Mulher, saiba que você pode salvar o seu marido e você, homem, pode salvar a sua esposa.

Cada um deve continuar a viver na condição atribuída por Deus e em que se encontrava quando Ele o chamou, seguindo sempre os mandamentos d'Ele, que passam pela moral, ética e bons costumes.

Se for escravo de alguma coisa, tire proveito dessa condição, pois o escravo, que foi chamado no Pai, é um liberto d'Ele. Do mesmo modo, o que era livre quando foi chamado, é um escravo de Cristo.

Fomos comprados por um alto preço, assim não podemos nos tornar escravos dos homens. Devemos permanecer firmes diante de Deus com toda consciência de que Ele está conosco e em nosso lado.

Rico não é aquele que mais tem, é aquele que menos precisa!

Homens e mulheres sadios

Se você é solteiro, saiba que Deus lhe deu um tesouro e lhe aconselha a ser um homem ou uma mulher sadio(a). Se você está comprometido, não rompa esse vínculo. Se você decidir se casar, não peque e não retire do seu(sua) companheiro(a) antes do casamento o maior tesouro guardado que você será merecedor, que é a virgindade. Quem casa virgem não peca!

A virgindade é um grande dom de Deus e devemos preservá-la, mesmo sabendo que o mundo faz propaganda contra e até ridiculariza quem opta por esse caminho, mas saiba que o pensamento mundano é que é ridículo, pois procura ridicularizar o que é sagrado.

A virgindade é uma dádiva de Deus, mas mesmo quem opta por essa opção terá que suportar as tribulações corporais, glorificando o nome de Deus. Esse é o alicerce da vida familiar.

Quem não tem esposa, cuida das coisas de Deus e assim O agradará, mas aquele que tem esposa cuida das coisas do mundo agradando sempre a mulher. Também a mulher não casada, tal como a virgem, cuidam das coisas de Deus, para serem santas de corpo e de espírito. Mas a mulher casada cuida das coisas do mundo agradando sempre o marido.

Tudo isso Deus nos diz para o nosso bem, não para nos armar uma cilada, mas visando o que é mais nobre. Se alguém, cheio de saúde, receia faltar ao respeito à sua noiva ou ao seu noivo, pense no curso normal e escolha o melhor caminho. Não pequem, casem-se!

A mulher permanece ligada ao seu marido enquanto ele viver. Se, porém, o marido vier a falecer, fica livre para se casar com quem quiser, contanto que seja no Senhor.

Todavia, na opinião de Deus, será mais feliz, se permanecer como está, pois terá o Espírito de Deus.

Somos livres para escolher nosso caminho

A pessoa correta que não se curva às tentações da corrupção e do benefício ilícito deve ser honrada pelos seus atos. Independente de ser rico, nobre ou pobre, sua glória não é medida pelo medo dos homens, e sim no temor de Deus.

Muitas injustiças são cometidas no nosso dia a dia, onde muitas vezes desprezamos um homem justo e pobre para darmos valor a um rico pecador. Devemos nos apegar mais às coisas de Deus e não ficarmos escravos das coisas mundanas enaltecendo os homens.

Devemos ser pessoas livres para optar pelo caminho que nos leva a salvação, pois mesmo na provação agiremos com prudência e educação.

Uma pessoa é honrada pelo seu conhecimento e temor a Deus; mas aquele que se gloria de sua riqueza e autossuficiência, cuidado para não perder tudo. Felicidade é: Amar a Deus!

A respeito dos dons do Espírito Santo, vemos que há uma grande diversidade de dons, mas o Espírito é o mesmo; há diversidade de serviços, mas Deus é o mesmo; há diversos modos de agir, mas é o mesmo Deus que realiza tudo em todos.

A cada um é dada a manifestação do Espírito, para proveito comum. A um é dada, pela ação do Espírito, uma palavra de sabedoria; a outro, uma palavra de ciência, segundo o mesmo Espírito; a outro, a fé, no mesmo Espírito; a outro, o dom das curas, no único Espírito; a outro, o dom de realizar milagres; a outro, a profecia; a outro, o discernimento dos espíritos; a outro, a variedade de línguas; a outro, por fim, a interpretação das línguas.

Tudo isto, porém, é realizado pelo único e mesmo Espírito, que os distribui conforme Lhe apraz.

Como o corpo é um só e tem muitos membros, e todos os membros do corpo, apesar de serem muitos, constituem um só corpo, assim também o é Cristo.

Em um só Espírito, fomos todos batizados para formar um só corpo, apesar deste ser formado de muitos membros. Se o pé dissesse: "Uma vez que não sou mão, não faço parte do corpo", nem por isso deixaria de pertencer ao corpo. E se o ouvido dissesse: "Uma vez que não sou olho, não faço parte do corpo", nem por isso deixaria de pertencer ao corpo. Se todo o corpo fosse olho, onde estaria o ouvido? Se todo ele fosse ouvido, onde estaria o olfato?

Deus, porém, dispôs os membros no corpo, cada um conforme lhe pareceu melhor. Se todos fossem um só membro, onde estaria o corpo? Há, pois, muitos membros, mas um só corpo. Não pode o olho dizer à mão: "Não tenho necessidade de ti", nem tão pouco a cabeça dizer aos pés: "Não tenho necessidade de vós". Pelo contrário, quanto mais fracos parecem ser os membros do corpo, tanto mais são necessários. Se um membro sofre, com ele sofrem todos os outros; se um membro é honrado, todos os outros participam da sua alegria.

Nós somos o corpo de Cristo e cada um, pela sua parte, é um membro. Aqueles que Deus estabeleceu na Igreja são, em primeiro lugar, apóstolos; em segundo, profetas; em terceiro, mestres; em seguida, há o dom dos milagres, depois o das curas, o das obras de assistência, o de governo e o das diversas línguas.

Dessa forma, através do Sacramento do Matrimônio, homem e mulher são uma só carne. Se alguém sofre, há um só sofrimento; se alguém se alegra, há uma só alegria; se existe vida, há uma só vida; se existe amor, há um só amor.

> *"Ainda que eu fale as línguas dos homens e dos anjos, se não tiver amor, sou como um bronze que soa ou um címbalo que retine. Ainda que eu tenha o dom da profecia e conheça todos os mistérios e toda a ciência, ainda que eu tenha tão grande fé que transporte montanhas, se não tiver amor, nada sou. Ainda que eu distribua todos os meus bens e entregue o meu corpo para ser queimado, se não tiver amor, de nada me aproveita. O amor é paciente, o amor é prestável, não é invejoso, não é arrogante nem orgulhoso, nada faz de inconveniente, não procura o seu próprio interesse, não se irrita nem guarda ressentimento. Não se alegra com a injustiça, mas rejubila com a verdade. Tudo desculpa, tudo crê, tudo espera, tudo suporta. O amor jamais passará. As profecias terão o seu fim, o dom das línguas terminará e a ciência vai ser inútil. Pois o nosso conhecimento é imperfeito e também imperfeita é a nossa profecia. Mas, quando vier o que é perfeito, o que é imperfeito desaparecerá. Quando eu era criança, falava como criança, pensava como criança, raciocinava como criança. Mas, quando me tornei homem, deixei o que era próprio de criança. Agora, vemos como num espelho, de maneira confusa; depois, veremos face a face. Agora, conheço de modo imperfeito; depois, conhecerei como sou conhecido. Agora permanecem estas três coisas: a fé, a esperança e o amor; mas a maior de todas é o amor."*
>
> *(São Paulo Apóstolo)*

Casamento a três

Diante de todas as nossas dificuldades no nosso dia a dia, Deus nos consola em toda a nossa tribulação, para que também nós possamos consolar aqueles que estão em qualquer tribulação, mediante a consolação que nós mesmos recebemos de Deus.

Estamos diante de um mundo onde diversos caminhos fazem que nós passemos por momentos ruins. Os maiores ataques são realizados diretamente no casamento, no qual o inimigo tenta com aquilo que Deus uniu.

Desse modo, assim como abundam em nós os sofrimentos de Cristo, também, por meio de Cristo, é abundante a nossa consolação. Se somos atribulados, é, pois, para nossa consolação e salvação. Se somos consolados, é para nossa consolação, que nos faz suportar os sofrimentos que padecemos.

A nossa esperança a respeito de Deus é firme, porque sabemos que, assim como Ele é participante dos nossos sofrimentos, também o é da nossa consolação.

Não podemos ignorar a tribulação que está em nossa vida; muitas vezes somos maltratados acima das nossas forças. Chegamos até a perder a esperança. Sentimos cair sobre nós mesmos a sentença de morte.

Mas Deus Ele já nos livrou de inúmeros perigos e há de nos livrar de muitos outros. Podemos confiar que Ele sempre nos livrará. O casamento só se realiza a três: homem, mulher e Deus!

O AMOR E A CONFIANÇA

O amor nos aproxima de Deus e, então, surge a confiança de sempre sermos olhados por Ele. Se tivermos confiança, saberemos que há solução paras todos os problemas. Devemos parar de pensar neles e começar a pensar em uma solução para os nossos problemas. Sabemos que toda vez que amanhece um novo dia, é sinal que Deus está conosco. Sendo assim, existe solução para todo e qualquer sofrimento.

Deus nos marcou com um selo e imprimiu em nossos corações o penhor do Espírito. Assim, não devemos ficar tristes, pois podemos nos alegrar, já que recebemos o presente que excede qualquer dificuldade: o amor transbordante de Deus por nós.

O PERDÃO E A EDUCAÇÃO DEVE SER CONCEDIDOS

Se o seu cônjuge ou qualquer outra pessoa lhe causou tristeza, perdoe e o console, a fim de que você não sucumba ao peso da tristeza. Tenha caridade para com essa pessoa e lhe mostre que você é capaz de perdoar, assim como Cristo o fez àqueles que Lhe perseguiram.

Perdoar é a oportunidade que nós damos ao outro de ser feliz!

O jurista Caetano Lagrasta Neto em seu livro *Direito de Família: A família brasileira no final do século XX*[19], diz que a família deve buscar o, primordialmente, do perdão. Seguindo o mesmo raciocínio, o Beato João Paulo II falou no dia 24/01/2002:

"Somente o perdão pode sanar as feridas do coração."

Antes deles, São João Maria Vianney disse:

"Cada Hóstia consagrada é feita para se consumir de amor em um coração humano."

---
[19] São Paulo: Malheiros, 2000.

São inúmeras as situações de desajuste familiar, tais como a agressão que incide sobre o cônjuge ou sobre seus filhos, decepções, traições, entre outros casos. Todos eles devem ser superados pela concessão e aceitação do perdão. Desde pequenos vamos sendo marcados por algumas situações, mas devemos perdoar aqueles que nos ofendem.

> "Nosso compromisso é levar o cônjuge e os filhos para o Céu!"

A motivação psicológica para o perdão pode ser encontrada na formação religiosa, moral ou numa conduta ética, que ao admitir o erro, compreende e perdoa. Concedido o perdão, desaparecem os resquícios da ofensa e se estabelece a pacífica convivência entre os familiares.

O divórcio é uma solução fácil, para um problema difícil, pois não cura o problema, apenas lhe antecipa a morte. O Beato João Paulo II, no início do ano de 2002, pediu para advogados e juízes evitarem os divórcios. Deveriam esgotar todas as formas possíveis de diálogo, para se chegar a uma solução benéfica para toda a família.

Todos sabem que as piores feridas deixadas na separação são principalmente sobre os filhos, e uma forma de evitar os muitos problemas da sociedade atual é estruturar a família e a educação dos filhos.

> "Há toneladas de estudos mostrando que o inferno familiar ajuda a jogar os jovens em comportamentos autodestrutivos, o que significa drogas, tentativa de suicídio, violência."[20]

---

[20] Folha de São Paulo, Cotidiano, pp. 3-7, de 21/06/98.

A presença dos pais é essencial para que ocorra o desenvolvimento físico, psicológico, intelectual e espiritual dos filhos. Devemos destacar também a difícil situação de pais que vivem numa mesma casa, mas que não se comunicam e se desentendem na frente deles.

Como disse o Beato João Paulo II, o ato de educar é o prolongamento do ato de gerar, é ir com paciência e perícia, tirando os maus hábitos e descobrindo virtudes. Educar significa promover o crescimento e o amadurecimento da pessoa em todas as suas dimensões, como a material, intelectual, moral e religiosa. Por isso a educação não se aprende só na escola, mas principalmente em casa e na Igreja.

A educação é a melhor herança que os pais devem deixar aos filhos, pois esta ninguém pode lhes roubar, nem destruir. A pessoa educada aprende a usar a mente, e consegue o que deseja sem violar os direitos dos outros.

É bom que saibamos assumir verdadeiramente nosso lugar.

"Se você quer ser um bom pai, seja um bom esposo."

O livro de Piero Ferruci, *Nossos Mestres as Crianças*, já foi traduzido em 11 idiomas. Nele, o autor diz:

> "Foi preciso tempo, mas ao final percebi: a relação com meus filhos passa através da relação com minha mulher. Não posso ter com eles uma boa relação se minha relação com ela não é boa."

A conclusão então parece clara: se você quer ser um bom pai, seja um grande esposo. Se quer ser uma boa mãe, seja uma grande companheira para o seu marido.

Quando um matrimônio recupera o belo do seu amor, os primeiros a perceber são os filhos.

Se você se sente incapaz de retomar seu casamento, dando um fim às brigas, saiba que é Deus que nos torna aptos para sermos ministros de uma nova aliança, não da letra, mas do Espírito; porque a letra mata, enquanto o Espírito dá a vida. Por isso, entregue a sua consciência e inteligência a Deus, pois Ele lhe guiará pelo caminho da paz e da serenidade. Seu casamento pode ser restaurado e seus filhos curados de todo e qualquer trauma causado por discussões e brigas vãs.

A família é o berço de tudo!

A família é a imagem do sagrado: o pai tem semelhança na figura de Deus; a mãe tem a semelhança da Igreja e os filhos têm a semelhança de Jesus, que é obediência e amor. A família é a via para a santidade e a grande prova é a Sagrada Família: Jesus, Maria e José.

Mesmo que seja duro, ouça os conselhos de seu pai. Aquele que ama a Deus, não cai na tentação de cometer o pecado que causará a destruição da base familiar. Toda situação de pecado destrói a família e deve ser combatida.

A rebeldia dos filhos, muitas vezes, é motivada pelo descontrole dos pais. Quem ama e honra sua mãe é semelhante àquele que acumula um tesouro; quem honra seu pai achará alegria em seus filhos, será ouvido no dia da oração, além de gozar de vida longa; quem lhe obedece dará consolo à sua mãe.

A bênção paterna fortalece a casa de seus filhos, a maldição de uma mãe a arrasa até os alicerces. Um pai sem honra é a vergonha do filho. Ajude seu pai na velhice e não cause desgosto a ele durante a sua vida, pois sua caridade não será esquecida. Honre também a sua mãe, pois por isso você também será recompensado.

Como é infame aquele que abandona seu pai, como é amaldiçoado por Deus aquele que irrita sua mãe!

Cuide de sua família, pois é o seu maior tesouro.

O maior mandamento da lei é: amarás ao Senhor, seu Deus, de todo o coração, alma e entendimento. Este é o maior e o primeiro mandamento. O segundo é semelhante a esse: amará o seu próximo como a si mesmo. Desses dois mandamentos dependem toda a lei e os profetas.

> *Amarás o teu próximo como a ti mesmo. A caridade não pratica o mal contra o próximo. Portanto, a caridade é a plenitude da lei.*

O CRESCIMENTO DA FÉ E A DIFERENÇA DE CRENÇA ENTRE O CASAL

Há uma conexão orgânica entre nossa vida espiritual e os dogmas. Os dogmas são luzes no caminho de nossa fé que o iluminam e tornam seguro. Na verdade, se nossa vida for reta, nossa inteligência e nosso coração estarão abertos para acolher a luz dos dogmas da fé.

E na Revelação do Mistério de Cristo, todos os fiéis participam da compreensão e da transmissão da verdade revelada, pois receberam a graça do Espírito Santo, que os instrui e os conduz à verdade em sua totalidade.

Por este senso da fé, excitado e sustentado pelo Espírito da verdade, o Povo de Deus adere indefectivelmente à fé e com reto juízo, penetra-a mais profundamente e na sua vida a coloca mais perfeitamente em obra. Graças à assistência do Espírito Santo, a fé pode crescer:

> 1. "Pela contemplação e estudo dos que creem, os quais as meditam em seu coração."
>
> 2. "Pela íntima compreensão que os fiéis desfrutam das coisas espirituais."
>
> 3. "Pela pregação daqueles que receberam o carisma seguro da verdade."

A *Bíblia* e a Igreja estão de tal modo entrelaçados e unidos que uma não tem consistência sem a outra, e que juntas, cada qual a seu modo, sob a ação do mesmo Espírito Santo, contribuem eficazmente para a salvação das almas espalhando a fé pelo mundo inteiro. Assim, a pregação da fé é manifestada através de uma voz só para que todos saibam uma única verdade que é a verdade da nossa salvação, baseada na vida de Cristo em plena obediência a Deus.

A mensagem da Igreja é, portanto, verídica e sólida, pois é nela que um único caminho de salvação aparece no mundo inteiro. Assim, a fé é uma adesão pessoal do homem a Deus. A fé cristã é diferente da fé em uma pessoa humana. E justo e bom entregar-se totalmente a Deus e crer absolutamente no que ele diz:

> "Não devemos crer em ninguém a não ser em Deus, o Pai, o Filho e o Espírito Santo."

> Ao revelar, "Eu sou AQUELE QUE É" ou "Eu Sou Aquele que SOU" ou ainda "Eu sou Quem sou", Deus declara quem Ele é e com que nome se deve chamá-l'O. Este nome divino é misterioso como Deus é mistério. Ele é ao mesmo tempo um nome revelado e como que a recusa de um nome, e é por isso mesmo que exprime da melhor forma a realidade de Deus como Ele é, infinitamente acima de tudo.

> Nesse aspecto, podemos citar o exemplo dos casamentos cujos cônjuges são de religiões diversas, fato que se apresenta com frequência e deve ser tratado com muito cuidado, pois isso exige uma atenção particular dos cônjuges e dos pastores.

> A diferença de confissão entre os cônjuges não constitui obstáculo insuperável para o casamento, desde que consigam

pôr em comum o que cada um deles recebeu em sua comunidade e aprender um do outro o modo de viver sua fidelidade a Cristo. Mas nem por isso devem ser subestimadas as dificuldades dos casamentos mistos. Elas se devem ao fato de que a separação dos cristãos é uma questão ainda não resolvida. Os esposos correm o risco de sentir o drama da desunião dos cristãos no seio do próprio lar.

A disparidade de culto pode agravar ainda mais essas dificuldades. As divergências concernentes à fé, à própria concepção do casamento, como também mentalidades religiosas diferentes, podem constituir uma fonte de tensões no casamento, principalmente no que tange à educação dos filhos. Uma tentação pode então apresentar-se: a indiferença religiosa.

Um fato muito importante é que para um casamento misto exige, para sua validade, a permissão expressa da autoridade eclesiástica. Em caso de disparidade de culto, requer-se uma dispensa expressa do impedimento para a validade do casamento.

Esta permissão ou dispensa supõem que as duas partes conheçam e não excluam os fins e as propriedades essenciais do casamento, e também que a parte católica confirme o empenho, com o conhecimento também da parte não católica, de conservar a própria fé e assegurar o batismo e a educação dos filhos na Igreja Católica.

Nos casamentos com disparidade de culto, o cônjuge católico tem uma missão particular:

"Pois o marido não cristão é santificado pela esposa, e a esposa não cristã é santificada pelo marido cristão." (1Cor 7,14)

Assim, é uma grande alegria para o cônjuge cristão e para a Igreja se esta "santificação" levar o cônjuge à livre conversão à fé cristã. O amor conjugal sincero, a humilde e paciente prática das virtudes familiares e a oração perseverante podem preparar o cônjuge não cristão a acolher a graça da conversão.

Há diversas maneiras de pecar contra a fé. A incredulidade é a negligência da verdade revelada ou a recusa voluntária de lhe dar o próprio assentimento.

Por isso, existe a educação na fé que é praticada pelo exemplo familiar e na própria catequese.

Em nossos dias, as famílias cristãs são de importância primordial. Elas são chamadas a formarem uma igreja doméstica. É um estado de graça, uma ligação direta com Deus:

> "É no seio da família que os pais são para os filhos, pela palavra e pelo exemplo os primeiros mestres da fé. E favoreçam a vocação própria a cada qual, especialmente a vocação sagrada."

Pela graça do Sacramento do Matrimônio, os pais receberam a responsabilidade e o privilégio de evangelizar os filhos. Por isso os iniciarão desde tenra idade nos mistérios da fé, da qual são para os filhos os primeiros evangelizadores. Os pais devem associar desde a primeira infância à vida da Igreja. A experiência da vida em família pode alimentar as disposições afetivas que por toda a vida constituirão autênticos preâmbulos e apoios de uma fé viva.

Os pais levam os filhos para onde quiserem, tanto para o bem como para o mal, e isso tem papel fundamental na nossa comunidade e no mundo em que vivemos. A educação para a fé por parte dos pais deve começar desde a infância. Ocorre já quando os membros da família se ajudam a crescer na fé pelo testemunho de uma vida cristã de acordo com o Evangelho.

A catequese familiar precede, acompanha e enriquece as outras formas de ensinamento da fé. Os pais têm a missão de ensinar os filhos a orar e a descobrir sua vocação de filhos de Deus. A paróquia é a comunidade eucarística e o centro da vida litúrgica das famílias cristãs; ela é um lugar privilegiado da catequese dos filhos e dos pais. A Missa pelo menos aos domingos é fundamental, não devemos abrir mão desse privilégio.

A fé é um dom de Deus, uma virtude sobrenatural infundida por Ele. Para que se preste esta fé, exigem-se a graça prévia e adjuvante de Deus e os auxílios internos do Espírito Santo, que move o coração e o converte a Deus, abre os olhos da mente e dá a todos suavidade no consentir e crer na verdade.

> "O dom da fé permanece naquele que não pecou contra ela. Mas 'é morta a fé sem obras' (*Tg* 2,26): privada da esperança e do amor, a fé não une plenamente o fiel a Cristo e não faz dele um membro vivo de seu Corpo." (CIC 1815)

Os filhos que Deus nos dá

Todos nós somos filhos de Deus em Cristo Jesus, mediante a fé; pois todos os que foram batizados em Cristo estão revestidos de Cristo mediante a fé.

Filhos de Deus, criados à Sua imagem, devemos cumprir com as nossas vocações. Os pais devem zelar por seus filhos, educando-os no caminho da fé e da salvação. Os filhos, por sua vez, devem respeito (piedade filial), reconhecimento, docilidade e obediência aos seus pais, contribuindo assim para o crescimento da harmonia e da santidade de toda a vida familiar. Quando os pais se encontrarem em situações de indigência, de doença, de solidão ou de velhice, os filhos adultos devem-lhes ajuda moral e material.

Os pais, participantes da paternidade divina, são os primeiros responsáveis pela educação dos seus filhos e os primeiros anunciadores da fé a eles. Têm o dever de amá-los e respeitá-los como *pessoas* e como *filhos de Deus*, e de prover, quando possível, às suas necessidades materiais e espirituais, escolhendo para eles uma escola adequada e ajudando-os com prudentes conselhos na escolha da profissão e do estado de vida. Em particular, os pais têm missão de educá-los na fé cristã.

Os vínculos familiares, embora importantes, não são absolutos porque a primeira vocação do cristão é de seguir Jesus, amando-O: *"Quem ama pai ou mãe mais que a Mim, não é digno de Mim. E quem ama filho ou filha mais do que a Mim não é digno de Mim"* (*Mt* 10,37). Os pais devem favorecer com alegria o seguimento de

Jesus por parte de seus filhos, em qualquer estado de vida, mesmo na vida consagrada ou no ministério sacerdotal.

O filho é um *dom* de Deus, o dom maior do matrimônio. Não existe um direito a ter filhos ("o filho devido, a todo custo"). Existe, sim, o direito do filho de ser o fruto do ato conjugal dos seus pais e também o direito de ser respeitado como pessoa desde o momento de sua concepção.

A Igreja nos mostra, através do Evangelho, que a esterilidade física não é um mal absoluto. Os esposos que, depois de terem esgotado os recursos legítimos da medicina, sofrerem de infertilidade unir-se-ão à Cruz de Jesus, fonte de toda fecundidade espiritual. Podem mostrar sua generosidade adotando crianças desamparadas ou prestando relevantes serviços em favor do próximo.

As pessoas adotam uma criança ou jovem por numerosos motivos:

- Impossibilidade de ter filhos biológicos;
- Cimentar os laços com o cônjuge, no caso de adoção de filhos da esposa ou marido com um cônjuge anterior;
- Auxiliar uma ou mais crianças em dificuldades;
- Fomentar a integração racial, no caso de adoção interracial;
- Satisfação do desejo de ser pai/mãe;
- Morte de um filho;
- Solidão;
- Companhia para filho único;
- Possibilidade de escolha do sexo.

Durante a avaliação psicológica e social a qual que o casal é submetido, estes aspectos são profundamente analisados, a fim de observar se o casal possui condições de adotar naquele momento.

A adoção é um meio para se ter filhos quando não se pode gerá-los, por exemplo. Para adotar você deve ir a dois lugares: Vara da Infância e Juventude da sua cidade e grupo de apoio à adoção.

Nas Varas da Infância e Juventude é onde que tudo ocorre: habilitação, inscrição no Cadastro Nacional de Adoção, controle da fila de adoção, apresentação de crianças disponíveis à adoção, orientação e acompanhamento.

Se você desejar entender melhor como funciona a adoção, dirija-se a um grupo de apoio à adoção. Não há nenhum compromisso em conversar.

No Brasil, a adoção é regida pelo Código Civil e pelo Estatuto da Criança e do Adolescente.

- O adotante deve ser uma pessoa maior de dezoito anos, independentemente do estado civil, ou casal, ligado por matrimônio ou união estável.
- Além disso, a diferença de idade entre o adotante e o adotado deve ser de, no mínimo, dezesseis anos.
- Deve haver intervenção do juiz, em processo judicial, com participação do Ministério Público.

A adoção é *irrevogável*, mesmo que os adotantes venham a ter filhos, aos quais o adotado está equiparado, tendo os mesmos deveres e direitos, proibindo-se qualquer discriminação.

A adoção só se extingue em hipóteses especiais, por deserdação, indignidade, pelo reconhecimento de paternidade do pai biológico e pela morte do adotante ou do adotado.

As crianças disponibilizadas para adoção, geralmente em abrigos, devem primeiramente ser destituídas de suas famílias biológicas (destituição do Pátrio Poder) por meio de um processo legal levado a cabo pelo Juizado, publicado em Diário Oficial, para então, serem adotadas pela família pretendente (outro processo legal). A família pretendente passa por uma análise de assistentes sociais, psicólogos, Promotoria Pública, e recebe finalmente a guarda provisória do adotando.

Após o final do processo de adoção, os pais adotivos são autorizados a substituir a certidão de nascimento original pela nova certidão de nascimento, em tudo igual à anterior, mudando-se somente os nomes dos pais, avós, e eventualmente o nome da criança. Data e local de nascimento são mantidos. Não pode haver referência ao processo de adoção na certidão de nascimento, somente no Livro de Registros ou certidões de inteiro teor.

Jesus, *"embora fosse Filho, aprendeu, contudo, a obediência pelo sofrimento"* (*Hb* 5,8). Com maior razão, nós, criaturas e pecadores, que nos tornamos n'Ele filhos adotivos, pedimos ao nosso Pai que una nossa vontade à de Seu Filho para realizar Sua vontade, Seu plano de salvação para a vida do mundo. Somos radicalmente incapazes de fazê-lo; mas, unidos a Jesus e com a força de Seu Espírito Santo, podemos entregar-Lhe nossa vontade e decidir-nos a escolher o que Seu Filho sempre escolheu: fazer o que agrada ao Pai.

Aderindo a Cristo, podemos tornar-nos um só espírito com Ele, e com isso realizar Sua vontade; dessa forma, ela será cumprida perfeitamente na terra como no céu.

Em Cristo, somos filhos de Deus. Assim também nós, quando éramos crianças, estávamos sob o domínio dos elementos do mundo, a eles sujeitos como escravos. Mas, quando chegou a plenitude do tempo, Deus enviou o Seu Filho, nascido de uma mulher, nascido sob o domínio da Lei, para resgatar os que se encontravam sob o domínio da Lei, a fim de recebermos a adoção de filhos.

E, porque somos filhos, Deus enviou aos nossos corações o Espírito do Seu Filho, que clama: "Abbá! – Pai!" Deste modo, já não somos escravos, mas filhos; e, se somos filhos, somos também herdeiros, por graça de Deus.

Divórcio e Nulidade

Certas práticas, como o divórcio civil e o segundo casamento civil, são inadmissíveis pela maioria das confissões cristãs, notadamente a Igreja Católica, e fazem com que a celebração religiosa cada vez mais seja distanciada da celebração civil, como uma providência de ordem prática para se evitar a confusão ou dúvida entre os participantes.

"Difunde-se sempre mais o caso de católicos que, por motivos ideológicos e práticos, preferem contrair só matrimônio civil, rejeitando ou pelo menos adiando o religioso. A sua situação não se pode equiparar certamente à dos simples conviventes sem nenhum vínculo, pois que ali se encontra ao menos um empenhamento relativo a um preciso e provavelmente estável estado de vida, mesmo se muitas vezes não está afastada deste passo a perspectiva de um eventual divórcio. Procurando o reconhecimento público do vínculo da parte do Estado, tais casais mostram que estão dispostos a assumir, com as vantagens também as obrigações. Não obstante, tal situação não é aceitável por parte da Igreja. A ação pastoral procurará fazer compreender a necessidade da coerência entre a escolha de um estado de vida e a fé que se professa, e tentará todo o possível para levar tais pessoas a regularizar a sua situação à luz dos princípios cristãos. Tratando-as embora com muita caridade, e interessando-as na vida das respectivas comunidades, os pastores da Igreja não poderão infelizmente admiti-las aos sacramentos." (Beato João Paulo II – *Familiaris Consorio* n. 82)

O divórcio civil não dissolve o vínculo conjugal, mesmo que assim o estabeleça a lei dos homens, de tal modo que os divorciados não podem contrair novo matrimônio religioso válido, enquanto viva o primeiro cônjuge (exceto se o casamento foi canonicamente anulado).

Uma pessoa divorciada que tenha vida conjugal com outra pessoa está para todos os efeitos eclesiásticos em situação de adultério, razão pela qual não pode receber a absolvição sacramental nem se aproximar da Comunhão Eucarística enquanto perdurar esta situação (vide Compêndio n. 349).

"Motivos diversos, quais incompreensões recíprocas, incapacidade de abertura a relações interpessoais, etc. podem conduzir dolorosamente o matrimônio válido a uma ruptura muitas vezes irreparável. Obviamente que a separação deve ser considerada remédio extremo, depois que se tenham demonstrado vãs todas as tentativas razoáveis.

A solidão e outras dificuldades são muitas vezes herança para o cônjuge separado, especialmente se inocente. Em tal caso, a comunidade eclesial deve ajudá-lo mais que nunca; demonstrar-lhe estima, solidariedade, compreensão e ajuda concreta de modo que lhe seja possível conservar a fidelidade mesmo na situação difícil em que se encontra; ajudá-lo a cultivar a exigência do perdão, própria do amor cristão, e a disponibilidade para retomar eventualmente a vida conjugal anterior.

O mesmo vale para o caso do cônjuge que foi vítima de divórcio, mas que – conhecendo bem a indissolubilidade do vínculo matrimonial válido – não se deixa arrastar para uma nova união, empenhando-se, ao contrário, unicamente no cumprimento dos deveres familiares e na responsabilidade da vida cristã. Em tal caso, o seu exemplo de fidelidade e de coerência cristã assume um valor particular de testemunho diante do mundo e da Igreja, tornando mais necessária ainda, da parte desta, uma ação contínua de amor e de ajuda, sem algum obstáculo à admissão aos sacramentos." (*Familiaris Consortio* n. 83)

Sobre esta matéria, o Papa Emérito Bento XVI, recolhendo o Magistério da Igreja (Exortação Apostólica Pós-Sinodal *Sacramentum Caritatis* n. 29) afirma:

"Todavia os divorciados recasados, não obstante a sua situação, continuam a pertencer à Igreja, que os acompanha com especial solicitude na esperança de que cultivem, quanto possível, um estilo cristão de vida, através da participação na Santa Missa, ainda que sem receber a comunhão, da escuta da Palavra de Deus, da adoração eucarística, da oração, da cooperação na vida comunitária, do diálogo franco com um sacerdote ou um mestre de vida espiritual, da dedicação ao serviço da caridade, das obras de penitência, do empenho na educação dos filhos."

E ainda:

"Enfim, caso não seja reconhecida a nulidade do vínculo matrimonial e se verifiquem condições objetivas que tornam realmente irreversível a convivência, a Igreja encoraja esses fiéis a esforçarem-se por viver a sua relação segundo as exigências da lei de Deus, como amigos, como irmão e irmã; desse modo poderão novamente abeirar-se da mesa eucarística, com os cuidados previstos por uma comprovada prática eclesial (...) evitando, em todo o caso, de abençoar essas relações para que não surjam entre os fiéis confusões acerca do valor do Matrimônio."

É admitida a separação de corpos ou separação física dos esposos quando a coabitação se torna, por motivos graves, praticamente impossível, embora a Igreja deseje e devam ser feitos esforços para que se dê a reconciliação ou que sejam afastados os motivos que a deram ensejo. No entanto, enquanto viverem não estão os esposos livres para contrair nova união, salvo em caso de declaração de nulidade do casamento pela legítima autoridade eclesiástica.

Chama-se impedimento o fato ou circunstância que torna uma pessoa incapaz, temporária ou defintivamente, de casar-se. Chamam-se de dirimentes os impedimentos cuja violação levam à invalidade ou nulidade do casamento; impedientes, ao contrário, tornam o casamento ilícito mas não significam a perda da sua validade. Os impedimentos podem ocorrer por: idade, impotência, vínculo matrimonial, diversidade de culto, ordem sacra, profissão religiosa, rapto, de crime, de conseguinidade, de afinidade, pública honestidade e por parentesco legal (Cânones 1083 a 1094 – Código de Direito Canônico).

Para a Igreja Católica, o matrimônio é indissolúvel enquanto os cônjuges viverem. A Igreja, segundo o ensinamento desta denominação, não pode dissolver um matrimônio válido. Assim, vige sempre a regra segundo a qual a única ruptura possível é o óbito de qualquer um dos cônjuges.

Todavia, existem situações em que o casamento de fato nunca existiu, ou seja, que nunca foi abençoado por Deus, nomeadamente em casos em que um dos cônjuges casou não por vontade própria, mas por coerção ou por outras formas de intimidação ou engano. Através do competente tribunal eclesiástico, a Igreja julgará cada caso concreto, a fim de verificar se ocorreu as situações ou bases legais de nulidade do casamento. Se for verificado, baseado em provas suficientes, o tribunal eclesiástico declara a nulidade, ficando os cônjuges livres para convolar a novas núpcias. Um casamento também pode ser declarado nulo se este não for consumado.

Alegra-te: somos livres

"Alegra-te, ó estéril, que não dás à luz; rejubila e grita, tu que não sentes as dores de parto; pois são muitos os filhos da abandonada, mais do que os daquela que tem marido! E vós, irmãos, à semelhança de Isaac, sois filhos da promessa. Só que, como então o que foi gerado segundo a carne perseguia o que o foi segundo o Espírito, assim também agora. Mas que diz a Escritura? Expulsa a escrava e o seu filho, porque o filho da escrava não poderá herdar juntamente com o filho da mulher livre. Por isso, irmãos, não somos filhos da escrava, mas da mulher livre."

Foi para a liberdade que Cristo nos libertou. Somos livres no amor e foi para a liberdade que fomos chamados. Só que não devemos deixar que essa liberdade seja utilizada em nome de nossos apetites carnais. Pelo amor, fazei-nos servos uns dos outros. Toda a Lei se cumpre plenamente nesta única palavra: Ama o teu próximo como a ti mesmo.

Devemos viver segundo o Espírito, caminhando n'Ele e não nos submetendo aos apetites carnais, porque a carne deseja o que é contrário ao Espírito, e o Espírito, o que é contrário à carne; são, de fato, realidades que estão constantemente em conflito.

Se somos conduzidos pelo Espírito, não estamos sob o domínio da Lei. Mas as obras da carne estão ao nosso redor, como um leão feroz à espera da caça: fornicação, impureza, devassidão, idolatria, feitiçaria, inimizades, contenda, ciúme, fúrias, ambições, discórdias, partidarismos, invejas, bebedeiras, orgias...

Diz *São Paulo* Apóstolo:

> "Sobre elas vos previno, como já preveni: os que praticarem tais coisas não herdarão o Reino de Deus. Por seu lado, é este o fruto do Espírito: amor, alegria, paz, paciência, benignidade, bondade, fidelidade, mansidão, autodomínio. Contra tais coisas não há lei. Mas os que são de Cristo Jesus crucificaram a carne com as suas paixões e desejos. Se vivemos no Espírito, sigamos também o Espírito. Não nos tornemos vaidosos, a provocar-nos uns aos outros, a ser invejosos uns dos outros."

Se um homem cometer alguma falta, devemos corrigi-lo com espírito de mansidão. O que cada um semear, também há de colher: quem semear na própria carne, da carne colherá a corrupção; quem semear no Espírito, do Espírito colherá a vida eterna.

E não nos cansemos de fazer o bem porque, no seu devido tempo, colheremos se não tivermos esmorecido. Portanto, enquanto temos tempo, pratiquemos o bem para com todos, mas principalmente para com os irmãos na fé.

Compartilho com você nossa linda e inspiradora história:

> Há muito tempo, um casal de idosos, que não tinham filhos, morava em uma casinha humilde de madeira. Viviam de maneira muito tranquila, alegre, e ambos se amavam muito.
> Eram felizes. Até que um dia... Aconteceu um acidente com a mulher.

Ela estava trabalhando em sua casa quando o fogo começou a tomar conta da cozinha e as chamas atingiram todo o seu corpo.

O esposo acorda assustado com os gritos e vai à sua procura; encontra-a coberta pelas chamas e imediatamente tenta ajudá-la. O fogo também atinge seus braços e, mesmo em chamas, consegue apagar o fogo.

Quando chegaram os bombeiros já não havia muito da casa, apenas uma parte, toda destruída.

Levaram rapidamente o casal para o hospital mais próximo, onde foram internados em estado grave.

Após algum tempo, o senhor, que fora menos atingido pelo fogo, saiu da UTI e foi ao encontro de sua amada. Ainda em seu leito, a mulher toda queimada pensava em não viver mais, pois estava toda deformada, inclusive o seu rosto.

Chegando ao quarto de sua esposa, ela foi falando:

— Tudo bem com você, meu amor?

— Sim, respondeu ele, pena que o fogo atingiu os meus olhos e não posso mais enxergar, mas fique tranquila, amor, que sua beleza está gravada em meu coração para sempre.

Então, triste pelo esposo, a senhora pensou consigo mesma: "Como Deus é bom, vendo tudo o que aconteceu a mim, tirou-lhe a visão para que não presencie esta deformação em mim. As chamas queimaram todo o meu rosto e estou parecendo um monstro. E Deus é tão maravilhoso que não deixou ele me ver assim. Obrigado Senhor!"

Passado algum tempo e recuperados milagrosamente, voltaram para uma nova casa, onde ela fazia tudo para o seu querido e amado esposo, e o esposo agradecido por tanto amor, afeto e carinho, todos os dias dizia-lhe:

— COMO EU TE AMO. Você é linda demais. Saiba que você é e será sempre, a mulher da minha vida!

E assim viveram mais 20 anos, até que ela veio a falecer. No dia de seu enterro, quando todos se despediam da bondosa senhora, veio aquele marido com os olhos em lágrimas, sem seus óculos escuros e com sua bengala nas mãos.

Chegou perto do caixão, beijou o rosto acariciando sua amada, disse em um tom apaixonante:

— Como você é linda meu amor, eu te amo muito.

Ouvindo e vendo aquela cena, um amigo que esta ao seu lado perguntou se o que tinha acontecido era milagre, pois parecia que o velhinho parecia enxergar sua amada.

O velhinho, olhando nos olhos do amigo, apenas falou com as lágrimas rolando em sua face:

— Nunca estive cego, apenas fingia, pois quando vi minha amada esposa toda queimada e deformada, sabia que seria duro para ela continuar vivendo daquela maneira. Foram vinte anos vivendo muito felizes e apaixonados! Foram os vinte anos mais felizes de minha vida.

E emocionou a todos os que ali estavam presentes.

Na vida temos de provar que amamos! Muitas vezes de uma forma difícil. E, para sermos felizes, temos de fechar os olhos para muitas coisas, mas o importante é que se faça única e intensamente com AMOR!

O SORRISO ABRE PORTAS

O sorriso abre todas as portas da vida. Essa foi a frase que eu falei para o meu filho quando ele, recém-nascido, chorava de cólica. A partir daí criei o hábito de rezar sempre para meus filhos, pedindo sempre para que Deus os protegesse, sempre dando a benção de pai na fronte deles. Pena que esse hábito tenha se perdido durante o tempo.

Faça tudo com doçura, mostre ao próximo que a sua face reflete a face de Jesus e mais do que a estima das pessoas, ganhará o afeto deles. Quanto mais você for elevado, mais se humilhe em tudo, e perante Deus encontrará a misericórdia, pois é pelos humildes que Ele é (verdadeiramente) honrado.

Muitos são enganados pelas próprias opiniões, tornando-se vaidosos. O coração vaidoso será infeliz. Não há nenhuma cura para os soberbos, pois, sem que o saibam, o caule do pecado se enraizará neles.

Deus vê o coração e o sábio se manifesta pela sua inteligência e abstém-se do pecado praticando sempre a justiça.

Seja gentil com a esposa ou compreenda seu marido.

Eduque os seus filhos e curve-os à obediência desde a infância. Ensine-lhes a importância da castidade, e sempre irá vê-lo feliz. Vele pela integridade dos corpos de suas filhas, e as ensine as virtudes e vitórias de levar uma vida casta, para que sejam capazes de formar uma família ao lado de um homem sensato.

Honre o seu pai de todo o coração e não esqueça os gemidos de sua mãe. Lembre-se de que sem eles você não teria nascido. Faça por eles o que fizeram por você.

Enfim, seja muito feliz, pois sua vida é muito importante para a sua família.

Fique em paz!

Conclusão

A Igreja é a família de Deus

Para finalizar, gostaria de convidar a você, leitor, a refletir neste texto do Papa Francisco, que fala sobre a Igreja, a família de Deus.

"Gostaria de começar algumas reflexões sobre o mistério da Igreja, mistério que todos nós vivemos e do qual fazemos parte. Quero utilizar expressões contidas nos textos do Concílio Vaticano II. Hoje, a primeira: a Igreja como Família de Deus.

Nos últimos meses, mais de uma vez eu fiz referência à Parábola do Filho Pródigo, ou melhor, do Pai Misericordioso (cf. Lc 15, 11-32). O filho mais novo deixa a casa do pai, desperdiça tudo e decide voltar porque percebe que cometeu um erro, mas já não é considerado digno de ser filho e pensa em poder ser recebido de volta como servo. Mas o pai corre ao seu encontro e o abraça, lhe restitui de volta sua dignidade de filho e faz festa. Esta parábola, como outras no Evangelho, mostra bem o desígnio de Deus para a humanidade.

Qual é este plano de Deus? É fazer de todos nós uma única família de filhos, em que cada um se sinta próximo e amado por Ele, como na parábola do Evangelho, sinta o calor de ser família de Deus. Neste grande projeto, encontra sua raiz na Igreja, que não é uma organização fundada por pessoas, mas – como nos recordou tantas vezes o Papa Bento XVI – é obra de Deus, nasceu exatamente deste plano de amor que se concretiza progressivamente na história. A Igreja nasce do desejo de Deus de chamar todo homem à comunhão com Ele, à Sua amizade e a participar como filhos de sua vida divina.

A própria palavra 'Igreja', do grego *ekklesia*, significa 'convocação': Deus nos chama, impulsiona-nos a sair do individualismo, da tendência de nos fechar em nós mesmos e nos chama a fazer parte de sua família. E este chamado tem origem na própria criação. Deus nos criou para que vivêssemos em uma relação de profunda amizade com Ele e até mesmo quando o pecado quebrou esta relação com Deus, com os outros e com a criação, Deus não nos abandonou.

Toda a história da salvação é a história de Deus que busca o homem, oferece-lhe seu amor, o acolhe. Ele chamou Abraão para ser o pai de uma multidão, escolheu o povo de Israel para firmar uma aliança que abraçasse todas as nações e enviou, na plenitude dos tempos, Seu Filho, para que seu plano de amor e salvação fosse realizado em uma nova e eterna aliança com toda a humanidade. Quando lemos os Evangelhos, vemos que Jesus reúne em torno de si uma pequena comunidade que acolhe a Sua Palavra, segue-O, compartilha Sua jornada, se torna Sua família e com esta comunidade Ele prepara e constrói Sua Igreja.

Onde nasce a Igreja, então? Nasce do supremo ato de amor na Cruz, do lado trespassado de Jesus, de onde jorram sangue e água, símbolo dos sacramentos da Eucaristia e do Batismo. Na família de Deus, na Igreja, a seiva vital é o amor de Deus que se constitui em amá-l'O e amar os outros, todos, sem distinção e medida. A Igreja é uma família em que se ama e é amado.

Quando se manifesta a Igreja? Celebramos esse momento há dois domingos. Se manifesta quando o dom do Espírito Santo enche o coração dos Apóstolos e os impele a sair e começar o caminho para anunciar o Evangelho, espalhar o amor de Deus.

Mesmo hoje em dia, alguém diz: "Cristo sim, a Igreja não". Como aqueles que dizem 'eu acredito em Deus, mas não nos sacerdotes'. Mas é a Igreja que nos leva a Cristo, que nos leva a Deus, a Igreja é a grande família dos filhos de Deus. Claro que há também aspectos humanos, naqueles que a compõem, pastores e fiéis, há defeitos, imperfeições, pecados e o Papa também os tem e são muitos, mas o belo é que, quando nos damos conta de que somos pecadores, encontramos a misericórdia de Deus, que sempre perdoa. Não se esqueça: Deus sempre perdoa e nos recebe em seu amor de perdão e misericórdia. Alguns dizem que o pecado é uma ofensa a Deus, mas também uma oportunidade de humilhação para perceber que não há nada mais belo: a misericórdia de Deus. Pensemos nisso.

Nos perguntemos hoje: quanto amo a Igreja? Rezo por ela? Eu me sinto parte da família da Igreja? O que faço para que seja uma comunidade onde todos se sintam acolhidos e compreendidos, sintam a misericórdia e o amor de Deus que renova a vida? A fé é um dom e um ato que nos afeta pessoalmente, mas Deus nos chama a viver a nossa fé juntos, como família, como Igreja.

Peçamos ao Senhor, de maneira especial neste Ano da Fé, que as nossas comunidades, toda a Igreja, sejam cada vez mais verdadeiras famílias que vivem e levam o calor de Deus."